हिन्दी प्रवेशिका

केरल विश्वविद्यालय, केरल के स्नातक स्तर, चतुर्थ वर्ष,

प्रथम सेमेस्टर के लिए पाठ्यपुस्तक

हिन्दी प्रवेशिका

केरल विश्वविद्यालय, केरल के स्नातक स्तर, चतुर्थ वर्ष, प्रथम सेमेस्टर के लिए पाठ्यपुस्तक

सम्पादक

डॉ. प्रदीपा कुमारी आर.

डॉ. गायत्री एन.

वाणी प्रकाशन

प्रकाशन के उत्कृष्टतम 61 वर्ष

vaniprakashan.com

प्रथम संस्करण : 2024

वाणी प्रकाशन

4695, 21-ए, दरियागंज, नयी दिल्ली-110 002

फ़ोन : +91 11 23273167, 23275710

शाखाएँ

अशोक राजपथ, पटना-800 004, बिहार

कॉफ़ी हाउस कैम्पस, महात्मा गांधी मार्ग, प्रयागराज-211 001, उत्तर प्रदेश

महात्मा गांधी अन्तरराष्ट्रीय हिन्दी विश्वविद्यालय, वर्धा-442 001, महाराष्ट्र

36/ए, शेक्सपियर सरणी, रानी बिरला गर्ल्स कॉलेज के पास, कोलकाता-700 017, प.बंगाल

sales@vaniprakashan.in
vaniprakashan@gmail.com

Hindi Praveshika
Edited by Dr. Predeepa Kumari R.
Dr. Gayathri N.

ISBN : 978-93-6287-029-2

मूल्य : ₹ 70

आर.टेक ऑफ़सेट प्रिंटर्स, दिल्ली-110 032 में मुद्रित

वाणी प्रकाशन का लोगो मक़बूल फ़िदा हुसेन की कूची से

अनुक्रम

हिन्दी भाषा और उसका स्वरूप

हिन्दी भारतीय संघ की संविधान घोषित राजभाषा है, जिसका देश की 42.88 प्रतिशत जनता मातृभाषा के रूप में प्रयोग करती है। हिन्दी भारत के छह बड़े प्रदेशों–उत्तर प्रदेश, मध्य प्रदेश, बिहार, राजस्थान, हिमाचल प्रदेश तथा हरियाणा की मुख्य भाषा है। सांख्यिकी की दृष्टि से हिन्दी विश्व की तीसरी प्रधान भाषा मानी गयी है तथा इसके बोलनेवालों की संख्या विश्व में विशेषज्ञों ने 70 करोड़ बतायी है।

हिन्दी सम्पूर्ण भारत को एकता के सूत्र में बाँधनेवाली भाषा रही है। भारत की भाषाओं में हिन्दी ही एक ऐसी भाषा है जो कश्मीर से कन्याकुमारी तक तथा कामाख्या से कच्छ तक समझी और बोली जाती है। यही कारण है कि भारत के स्वाधीनता आन्दोलन में हिन्दी ही समस्त भारत की राष्ट्रभाषा मानी गयी। गुजरात के महात्मा गांधी, महर्षि दयानन्द, बंगाल के क्षितिमोहन सेन, शारदा चरण मित्र, रवीन्द्रनाथ ठाकुर, महाराष्ट्र के बालगंगाधर तिलक, गोपालकृष्ण गोखले, पंजाब के लाला लाजपत राय और दक्षिण के चक्रवर्ती राजगोपालाचारी तथा मोटूरि सत्यनारायण ने हिन्दी को राष्ट्रभाषा के रूप में सम्बोधित किया जिसके फलस्वरूप हिन्दी ही स्वाधीनता आन्दोलन में शंखनाद की भाषा बनी।

वस्तुतः हिन्दी एक भाषा का ही नहीं वरन् एक भाषा समष्टि का नाम भी है। खड़ी बोली, ब्रज, बुन्देली, कन्नौजी, हरियाणवी, अवधी, बघेली, छत्तीसगढ़ी, मैथिली, मगही, भोजपुरी, मारवाड़ी, मेवाती, जयपुरी, मालवी, गढ़वाली तथा कुमाऊँनी हिन्दी की प्रधान उपभाषाएँ हैं तथा क्षेत्र विशेष में वहाँ के निवासियों की भावाभिव्यक्ति का माध्यम हैं। इनका लोक साहित्य पर्याप्त समृद्ध है। इन उपभाषाओं में खड़ी बोली को भारतीय संघ की राजभाषा होने का सांविधानिक गौरव प्राप्त है और आज हिन्दी का अर्थ सामान्यतः खड़ी बोली लिया जाता है जो साहित्य, शिक्षा तथा शासन के माध्यम के रूप में प्रयुक्त होती है। हिन्दी इस प्रकार जनभाषा है, सम्पर्क भाषा है तथा राजभाषा है।

हिन्दी एक समृद्ध भाषिक, साहित्यिक तथा सांस्कृतिक परम्परा की वाहिनी है। वह संस्कृत जैसी सम्पन्न भाषा की उतराधिकारिणी है, उदारशीला है, उसने ध्वनि और शब्द सम्पदा, दोनों ही दृष्टियों से विभिन्न भारतीय तथा विदेशी भाषाओं से असंख्य शब्दों को ग्रहण कर तथा अपनी भाषिक प्रकृति में उन्हें मातकर अपने को समृद्ध किया है। हिन्दी की समृद्धि में सभी धर्मों, जातियों तथा मतानुयायियों ने अपना योगदान दिया है। हिन्दी सूफी साहित्य मुसलमान कवियों द्वारा लिखित है। दक्खिनी हिन्दी का विकास भी मुसलमान साहित्यकारों द्वारा किया गया। रसखान, रहीम प्रभृति कवियों की हिन्दी सेवा देखकर ही तो कहा गया था–'मुसलमान हरिजनन पर कोटिन हिन्दू वारिये।' गुरुनानक की गुरुवाणी हिन्दी में ही है। ईसाई मिशनरियों में ग्रियर्सन, गिलक्राइस्ट, केलाग, गार्सां द तासी और कामिल बुल्के के कार्यों को कौन भुला सकता है।

हिन्दी का अन्तर्राष्ट्रीय परिदृश्य भी बड़ा विशाल रहा है। विदेशी विद्वानों ने हिन्दी को भारतीय भाषाओं में सबसे अधिक व्यक्तियों द्वारा तथा सबसे विस्तृत भूभाग में बोली जानेवाली तथा भारत को समझने के लिए अनिवार्य भाषा माध्यम माना है। हिन्दी का प्रथम व्याकरण, हिन्दी साहित्य का प्रथम इतिहास, हिन्दी का पहला कोश ग्रन्थ, हिन्दी का पहला भाषा सर्वेक्षण विदेशियों द्वारा ही तैयार किया गया। हिन्दी का अध्ययन-अध्यापन आज विश्व के सभी प्रमुख विश्वविद्यालयों में हो रहा है, हिन्दी की अपनी अनेक भाषा शैलियाँ विदेशों में विकसित हुई हैं। विदेशी हिन्दी भाषा में साहित्य सर्जना कर रहे हैं, हिन्दी की साहित्यिक कृतियों का विदेशी भाषाओं में तथा विदेशी साहित्य का हिन्दी भाषा में अनुवाद हो रहा है तथा हिन्दी भाषा और साहित्य पर विदेश में गम्भीर और व्यापक अनुसन्धान भी हो रहा है। इस प्रकार हिन्दी आज विश्व की एक जानी-मानी भाषा बन गयी है।

हिन्दी और उसके लिए प्रयुक्त विविध नाम

'हिन्द' शब्द संस्कृत के शब्द 'सिंधु' का विकसित रूप है। यूनान के लोगों ने सिंधु नदी के लिए 'इंदोस', वहाँ के निवासियों के लिए 'इंदोई' तथा प्रदेश के लिए 'इदिके' अथवा 'इंदिका' शब्द का प्रयोग किया है। यही 'इदिका' बाद में लैटिन भाषा में 'इंडिया' बना। 'इंदिका' तथा 'इंडिया' शब्द प्रारम्भ में पश्चिमोत्तर प्रदेश के लिए ही प्रयुक्त होता था किन्तु बाद में वह सम्पूर्ण भारत देश के लिए प्रयुक्त होने लगा।

ऋग्वेद में 'सिंधु' तथा 'सप्तसिंधव' शब्दों का प्रयोग नदी के सन्दर्भ में कई बार हुआ है। विशिष्ट प्रदेश के सन्दर्भ में भी एक स्थान पर ऋग्वेद में यह प्रयोग है। ईरानियों के प्राचीन ग्रन्थ अवेस्ता में 'हेंदु', 'हिन्दू' तथा 'हप्तहिन्दव' या 'हप्तहिन्दवो' वस्तुतः 'सिंधु' तथा 'सप्तसिंधव' के ही फारसी कृत रूप हैं। प्राचीन पहलवी में हिन्द, हिन्दुक और हिन्दुश शब्द भी मिलते हैं। मध्यकालीन ईरानी में 'हिन्दीक' शब्द भी प्रयुक्त हुआ है। यही 'हिन्दीक' वस्तुतः हिन्दी का मूल शब्द है। ईरानी में जिस समय इस शब्द का प्रयोग होता था, वह समय भारत में प्राकृत और अपभ्रंश भाषाओं का था इसलिए यह कहना कि सिंधी से हिन्दी शब्द का विकास हुआ, तर्क-सम्मत नहीं है।

'हिन्दी' शब्द ईरान से ही अरब, मिस्र आदि देशों में पहुँचा। अरब यात्रियों की दृष्टि में हिन्द और सिंध दो अलग प्रदेश थे। कश्मीर की तराई से लेकर सिंधु नदी तक का प्रदेश सिंध तथा गुजरात से लेकर भीतरी देश को 'हिन्द' प्रदेश माना जाता था। हिन्दी शब्द या तो देश बोधक या विशेषण के रूप में हिन्द से जानेवाली वस्तु का बोध कराता था।

भारत में प्रचलित लोक भाषा के लिए सर्वदा 'भाषा' शब्द का ही व्यवहार होता रहा है। तुलसी, कबीर, जायसी सभी ने अगनी काव्य भाषा हिन्दी के लिए 'भाषा' शब्द का ही प्रयोग किया है।

अमीर खुसरो ने अपने समय की भारतीय भाषाओं की गणना करते हुए सिंधी, लाहौरी, कश्मीरी, बंगाली, गौड़ी, गुजराती, तिलंगी, मावरी, ध्रुवसमुंदरी, अवधी और देहलवी की गणना की है। उन्होंने 'हिन्दी' नाम की किसी अलग भाषा की गणना नहीं की। उनके समय में हिन्दी शब्द का प्रयोग समस्त भारतीय भाषाओं के लिए ही होता था। अकबर के समकालीन अबुल फज़ल ने भी बारह भारतीय भाषाओं का उल्लेख किया है–देहलवी, बंगाली, मुलतानी, मारवाड़ी, गुजराती, तिलंगी मराठी, कर्नाटकी, सिंधी, अफगानी, बिलोचिस्तानी और कश्मीरी, पर हिन्दी नाम की किसी अलग भाषा का उल्लेख नहीं किया है।

17वीं शताब्दी तक 'हिन्दी' व 'हिन्दवी' शब्द समानार्थक थे तथा मध्यदेश की भाषा का अर्थ देते थे। दक्षिण में 'दक्खिनी' हिन्दी और 'हिन्दवी' भाषा का प्रयोग दिल्ली-मेरठ के आसपास की भाषा के लिए होने लगा। दक्षिण में हिन्दी फारसी लिपि में लिखी जाती थी। हिन्दुओं ने यहाँ 'भाषा' को हिन्दवी तथा मुसलमानों ने 'हिन्दी' कहा।

इस प्रकार भाषा के अर्थ में हिन्दी शब्द के प्रयोग का श्रेय भारतीय मुसलमान कवियों को ही है जो दक्षिण में बसे थे और 'दक्खिनी' में साहित्य रचना कर रहे थे।

प्रारम्भ में विदेशी मुसलमानों ने भारतीय मुसलमानों को 'हिन्दी' कहा और बाद में उनकी भाषा के लिए यह नाम चल पड़ा। वस्तुत: हिन्दी शब्द भारत के हिन्दुओं तथा मुसलमानों की भाषा के लिए समान रूप से व्यवहृत शब्द था।

18वीं शती के अन्त में जब ईस्ट इंडिया कम्पनी द्वारा अपने कर्मचारियों को भारत की बोलचाल की भाषा सिखाने के लिए प्रयत्न प्रारम्भ हुए, उस समय गिलक्राइस्ट ने हिन्दुस्तान की भाषा के लिए हिन्दी, हिन्दवी और हिन्दुई के स्थान पर हिन्दुस्तानी नाम का समर्थन किया। उनकी दृष्टि में हिन्दुस्तानी अरबी-फारसी शब्दावली प्रधान हिन्दवी थी, जिसे वे उर्दू या रेख्ता के समानार्थक ही मानते थे। गिलक्राइस्ट की दृष्टि में 'हिन्दवी' वह शैली है जो सरकारी शासन प्रबन्ध में, सरल अनुवाद में, नागरी लिपि में लिखे हुए लेख में तथा निम्नश्रेणी के नौकरों की बोली में, हिन्दुओं और हिन्दुस्तान के किसानों की बोलियों में मिलती है।

1800 ई. में कलकत्ता में फोर्ट विलियम कॉलेज की स्थापना हुई और वहाँ प्राच्य भाषा की शिक्षा के लिए गिलक्राइस्ट की अध्यक्षता में हिन्दुस्तानी विभाग की स्थापना हुई और हिन्दुस्तानी का विधिवत् अध्यापन प्रारम्भ हुआ। गिलक्राइस्ट ने हिन्दी, उर्दू, हिन्दुस्तानी को एक ही माना किन्तु उस समय भी सब गिलक्राइस्ट के मत से सहमत न थे। इंशाअल्लाह खां हिन्दी शब्द का प्रयोग मध्यदेश की भाषा के लिए करते थे।

उनके अनुसार दिल्ली और उसके आसपास की भाषा से विकसित हुई भाषा के लिए ही हिन्दी का प्रयोग किया गया था।

सम्प्रति हिन्दी नाम का विकास ईरानियों द्वारा 8वीं शती तक हो चुका था। व्यापक अर्थ में हिन्दी का अर्थ 'हिन्द का' या 'हिन्दुस्तान का' था। मुसलमानों के भारत में आने से पहले हिन्दी का यही व्यापक अर्थ था। 13वीं शती के बाद हिन्दी का प्रयोग मध्यदेश की बोली के लिए किया जाने लगा। ग्रियर्सन ने भी हिन्दी का यही अर्थ ग्रहण किया और हिन्दी के अन्तर्गत केवल पश्चिमी हिन्दी तथा पूर्वी हिन्दी को ही रखा। उन्होंने राजस्थानी, पहाड़ी तथा बिहारी को हिन्दी परिवार से अलग रखा। श्याम सुन्दर दास तथा धीरेन्द्र वर्मा ने हिन्दी के अन्तर्गत पूर्वी हिन्दी और पश्चिमी हिन्दी के साथ राजस्थानी, बिहारी तथा पहाड़ी को भी लिया है और आज हिन्दी का यही अर्थ मान्य भी है।

हिन्दी भाषा-क्षेत्र

अंग्रेज़ वैयाकरण एस. एच. केलाग ने अपने ग्रन्थ 'ए ग्रामर ऑफ द हिन्दी लैंग्वेज' में 'हिन्दी' शब्द का प्रयोग मध्यदेश में बोली जानेवाली सभी भाषाओं के समूह के अर्थ में किया है। उन्होंने उत्तर में हिमालय की तराई के पूरे क्षेत्र से लेकर दक्षिण में नर्मदा नदी तथा विंध्य पर्वत श्रेणियाँ, पश्चिम में पंजाब, सिंध और गुजरात तथा पूर्व में बंगाल और छोटा नागपुर के मध्य के सम्पूर्ण क्षेत्र को हिन्दी भाषा-क्षेत्र माना है।

एथरिंगटन ने अपने 'द स्टूडेंट्स ग्रामर ऑफ द हिन्दी लैंग्वेज' ग्रन्थ की भूमिका में हिन्दी भाषा क्षेत्र की चर्चा करते हुए हिन्दी को उत्तर पश्चिमी प्रान्त, पंजाब, राजपूताना के बड़े भूभाग, मध्य भारत तथा बिहार की भाषा कहा है और हिन्दी को सम्पूर्ण उत्तर भारत की भाषा माना है।

डॉ. धीरेन्द्र वर्मा का मत है कि सामान्यतः हिन्दी शब्द का प्रयोग उत्तर भारत के मध्यदेश के हिन्दुओं की वर्तमान साहित्यिक भाषा के लिए तथा इसी भूमिभाग की बोलियों और उनसे सम्बन्ध रखने वाले प्राचीन साहित्यिक ग्रन्थों के अर्थ में होता है। इस प्रकार हिन्दी प्रदेश की सीमाएँ पश्चिम में जैसलमेर, उत्तर-पश्चिम में अम्बाला, उत्तर में शिमला से लेकर नेपाल के पूर्वी छोर तक के पहाड़ी प्रदेश के दक्षिणी भाग, पूर्व में भागलपुर, दक्षिण में रायपुर तथा दक्षिण-पश्चिम में खंडवा तक पहुँचती हैं। इस क्षेत्र में रहनेवालों की शिक्षा, साहित्य तथा पत्रकारिता का माध्यम खड़ी बोली हिन्दी है तथा बोलचाल के लिए हिन्दी के विविध भाषा-रूपों जैसे–मारवाड़ी, जयपुरी, मेवाती, मालवी, खड़ी बोली, ब्रज, बुदेली, कन्नौजी, हरियाणवी, अवधी, बघेली, छत्तीसगढ़ी, मैथिली, मगही, भोजपुरी, गढ़वाली तथा कुमाऊँनी आदि का व्यवहार होता है।

उत्तर प्रदेश, बिहार, मध्य प्रदेश, हरियाणा, हिमाचल प्रदेश, राजस्थान तथा दिल्ली हिन्दी भाषी प्रदेश हैं। भारतीय जनगणना के अनुसार भी इन प्रदेशों की प्रधान भाषा हिन्दी है।

भारतीय जनगणना में हिन्दी के अन्तर्गत मैथिली, मगही, भोजपुरी, मारवाड़ी, जयपुरी, मेवाती, मालवी, गढ़वाली, कुमाऊँनी, खड़ी बोली, हरियाणवी, ब्रज, बुन्देली, कन्नौजी, अवधी, बघेली और छत्तीसगढ़ी बोलियों की गणना हिन्दी की उपभाषा के रूप में की गयी है और इस प्रकार इन सभी उपभाषाओं का क्षेत्र हिन्दी क्षेत्र है।

सुनीति कुमार चटर्जी ने अपनी पुस्तक 'राजस्थानी भाषा' में राजस्थानी को 'राजस्थान की हिन्दी' माना है। कलकत्ता में भी राजस्थानी के लिए 'मारवाड़ी हिन्दी' शब्द का प्रयोग होता है। इसी प्रकार बम्बई में बिहार की हिन्दी को 'बिहारी हिन्दी' कहा जाता है। भारतीय संविधान में भी राजस्थानी, पहाड़ी या बिहारी नाम की किसी भाषा का उल्लेख नहीं है।

हिन्दी दीर्घकाल से शिक्षा, साहित्य तथा प्रशासन की भाषा रही है। हिन्दी प्रदेश का देश की संस्कृति में महत्त्वपूर्ण योगदान रहा है। हिन्दी प्रदेश राम और कृष्ण की भूमि है, गंगा और यमुना की भूमि है, राजस्थान की शौर्य गाथाएँ, मैथिल कोकिल विद्यापति, तुलसी, सूर, कबीर, जायसी की रचनाएँ इसी भूमि पर लिखी गयी हैं। जायसी, रसखान, रहीम, अमीर खुसरो आदि मुसलमान कवियों ने हिन्दी भाषा में साहित्य सर्जना की, गुरुनानक की रचनाएँ ब्रजभाषा में हैं तथा अनेक ईसाई पादरियों ने जिनमें गिलक्राइस्ट, गार्सां द तासी, केलाग, कामिल बुल्के आदि नाम प्रमुख हैं, हिन्दी भाषा और साहित्य का अध्ययन किया तथा अपनी रचनाओं से हिन्दी की श्रीवृद्धि की।

हिन्दी का अन्तर्राष्ट्रीय स्वरूप

विश्व में संख्या की दृष्टि से हिन्दी भाषा-भाषियों का स्थान तीसरा माना गया है तथा उनकी संख्या सत्तर करोड़ बतायी गयी है। 'केम्ब्रिज इनसाइक्लोपीडिया ऑफ लैंग्वेजिज़' में विश्व की बीस प्रमुख भाषाओं में पाँच भारतीय भाषाओं–हिन्दी (20 करोड़), बंगला (15 करोड़), पंजाबी (7 करोड़), बिहारी (6.5 करोड़), तमिल (5.5 करोड़) तथा मराठी (5 करोड़) का उल्लेख है। यदि हम 1981 की भारतीय जनगणना को आधार मानकर चलें तो भारत में मातृभाषा के रूप में हिन्दी का प्रयोग करनेवाले भारतीयों की संख्या 264,188,858 है जो सम्पूर्ण भारत की जनसंख्या का 42.95 प्रतिशत है। दूसरी भाषा के रूप में हिन्दी का प्रयोग करनेवाले भारतीयों की संख्या देश में 1,29,96,455 है। अवधेय है कि 'केम्ब्रिज इनसाइक्लोपीडिया ऑफ लैंग्वेजिज़' में बिहारी को हिन्दी से अलग रखा गया है, जबकि भारतीय जनगणना 1981 में बिहारी को हिन्दी के अन्तर्गत ही परिगणित किया गया है। इस प्रकार वस्तुत: केम्ब्रिज इनसाइक्लोपीडिया तथा भारतीय जनगणना के आँकड़े लगभग एक ही हैं और हिन्दी मातृभाषा-भाषियों की संख्या भारत में लगभग साढ़े छब्बीस करोड़ है।

भारत के बाहर फीजी, मारिशस, सूरिनाम, त्रिनिदाद तथा दक्षिण अफ्रीका में बसे लाखों प्रवासी भारतीय जो आज से लगभग डेढ़ सौ वर्ष पूर्व शर्तबन्दी प्रथा के अन्तर्गत इन देशों में गन्ने के खेतों में काम करने के लिए मजदूरों के रूप में भेजे गये थे और आज वहाँ के स्थायी नागरिक हैं, मातृभाषा के रूप में हिन्दी का ही व्यवहार करते हैं। ये प्रवासी भारतीय मूलत: पश्चिमी बिहार तथा पूर्वी उत्तर प्रदेश से इन देशों में पहुँचे थे। इनकी भाषा प्रमुखत: भोजपुरी तथा अवधी थी, इसलिए प्रवासी भारतीयों के बीच आपसी सम्पर्क का माध्यम अवधी और भोजपुरी ही बनी। कालान्तर में यही अवधी और भोजपुरी इन प्रवासी भारतीयों की अस्मिता का प्रतीक बन गयी। आज भी

इन देशों में बसे प्रवासी भारतीय परिवार आपस में हिन्दी का ही व्यवहार करते हैं। वे हिन्दी का सम्मान करते हैं तथा हिन्दी का प्रचार-प्रसार चाहते हैं, क्योंकि वे मानते हैं कि हिन्दी ही समस्त भारतीयों को जोड़े रखने का एक महत्त्वपूर्ण सांस्कृतिक माध्यम है। हिन्दी इन देशों में केवल भारतीयों के बीच ही नहीं, बल्कि इन देशों के मूल निवासियों के बीच भी अच्छी तरह समझी और बोली जाती है। फीजी में तो हिन्दी को संवैधानिक संसदीय मान्यता भी प्राप्त है। वस्तुत: इन देशों में बसे हुए भारतीय मूल के उन लोगों की संख्या को भी हिन्दी भाषा-भाषियों की संख्या में परिगणित करना चाहिए जो मातृभाषा के रूप में हिन्दी का व्यवहार करते हैं।

भारत के पड़ोसी देशों में पाकिस्तान, नेपाल, बंगलादेश और बर्मा में हिन्दी भाषा बोलने और समझने वालों की संख्या पर्याप्त है। पाकिस्तान की राजभाषा उर्दू तो भाषा विज्ञान की दृष्टि से खड़ी बोली प्रधान शैली है। नेपाल में हिन्दी पूरे देश के 53 प्रतिशत नेपालियों की मातृभाषा है। इन देशों के अतिरिक्त भारतीय मूल के लोग अमेरिका, यूरोप, आस्ट्रेलिया या अफ्रीका चाहे कहीं भी बसे हों, हिन्दी बोलते और समझते हैं। वस्तुत: हिन्दी विदेशों में बसे भारतीयों के मध्य सम्पर्क भाषा के रूप में व्यवहृत होती है। वहाँ बसा भारतीय हिन्दी के माध्यम से अपने को भारत से जोड़ना चाहता है। प्रवासी भारतीयों की पहली और दूसरी पीढ़ी में हिन्दी मातृभाषा तथा तीसरी और चौथी पीढ़ी के बाद दूसरी भाषा बन जाती है। ये प्रवासी भारतीय हिन्दी को उन देशों में भी सुरक्षित रखने के लिए प्रयत्नशील हैं। वहाँ भारतीय विद्यालयों में हिन्दी पढ़ाई जाती है, हिन्दी में पत्र-पत्रिकाओं का प्रकाशन होता है, रेडियो पर लम्बी अवधि के हिन्दी प्रसारण होते हैं और इतना ही नहीं, प्रवासी भारतीय हिन्दी भाषा में मौलिक साहित्य सृजन भी करते हैं।

विदेशों में आज व्यापक स्तर पर हिन्दी भाषा का अध्ययन-अध्यापन हो रहा है, हिन्दी भाषा और साहित्य के विविध पक्षों पर शोध कार्य हो रहा है। हिन्दी साहित्य के अनुवाद की व्यवस्था व्यापक स्तर पर है। यदि हिन्दी जाननेवाले विदेशियों तथा प्रवासी भारतीयों की संख्या भी हिन्दी भाषा-भाषियों में जोड़ दी जाये तो हिन्दी सम्भवत: संख्या की दृष्टि में विश्व की दूसरी प्रधान भाषा होगी।

हिन्दी भाषा की लिपि

मानव ने भाषिक अभिव्यक्ति को देश व काल की सीमा से मुक्त कर सार्वकालिक तथा सार्वभौमिक बनाने के लिए लिपि का आविष्कार किया। लिपि भाषा का अनिवार्य अंग नहीं है और कोई भी भाषा न्यूनाधिक रूप में किसी भी लिपि में लिखी जा सकती है। फिर भी अपनी प्रकृति एवं ध्वनियों को सर्वोत्तम ढंग से व्यक्त करने के लिए हर भाषा अपनी लिपि विकसित करती है। अक्सर यह लिपि उसे परम्परा से प्राप्त होती है। समय-समय पर इसमें यथावश्यक परिवर्तन होता रहता है। हिन्दी की लिपि देवनागरी है, जो उसे परम्परा से प्राप्त हुई है। विदेशी विद्वानों और उनसे प्रभावित देशी विद्वानों ने इसके लिए अन्य लिपियाँ, जिनमें मुख्यत: रोमन है, अपनाने का सुझाव भी दिया है।

देवनागरी लिपि का मूल ब्राह्मी लिपि है, किन्तु आज वह मूल लिपि से इतनी बदल चुकी है कि बिल्कुल अलग लिपि लगती है। अक्षरों को सुन्दर बनाने का प्रयास, तेज़ गति से लिखने के लिए कलम को बिना उठाये अक्षर बनाने का प्रयत्न तथा शिरोरेखा लगाकर उसे सुन्दर बनाना आदि ऐसे कारण हैं, जिससे लिपि में समय-समय पर परिवर्तन होते रहते हैं।

10वीं शताब्दी के प्रारम्भ से ही भारतवर्ष के अधिकांश भागों में राजपूताना, गुजरात, मध्य प्रदेश, उत्तर प्रदेश आदि में नागरी लिपि को सम्मानजनक स्थान प्राप्त रहा है। बिहार, बंगाल, पंजाब, महाराष्ट्र और कश्मीर प्रान्तों में भी कुछ परिवर्तित रूप में नागरी लिपि ही प्रचलित रही। दक्षिण में भी नागरी लिपि बराबर सम्मानित लिपि रही। यही कारण है कि विजय नगर के राजाओं के दानपत्रों की लिपि 'नदि नागरी' कही जाती है। अनेक राजवंशों के शिलालेख और दानपत्रों में तथा सामान्य जनों के लेखों में नागरी लिपि का प्रयोग मिलता है।

हिन्दी में नागरी लिपि के चार रूप प्रयुक्त होते रहे हैं :

1. देवनागरी, 2. कैथी, 3.महाजनी, 4. बनियउटी

1. देवनागरी

संस्कृत, हिन्दी तथा मराठी भाषाएँ देवनागरी या नागरी लिपि में लिखी जाती हैं। देवनागरी लिपि अन्य भारतीय लिपियों के समान बायें से दाहिनी ओर लिखी जाती है।

देवनागरी लिपि का 'केन्द्रीय हिन्दी निदेशालय' ने मानकीकरण किया है जिससे वर्णमाला में एकरूपता रहे और देवनागरी लिपि का प्रयोग सुगम तथा व्यापक बन सके।

वर्ण-विचार एवं स्वर और व्यंजन

भाषा और व्याकरण

भाषा वह साधन है जिसके माध्यम से मनुष्य अपने भावों और विचारों को दूसरों पर प्रकट करता है। दूसरों के भाव और विचार के माध्यम से वह समझ भी लेता है। मनुष्य जो कुछ बोलता है उसका एक निश्चित अर्थ होता है, जिसकी वजह से वह दूसरों की समझ में आता है। ऐसी सार्थक बोली को भाषा कहते हैं।

भाषा के दो रूप होते हैं–कथित भाषा और लिखित भाषा। कथित भाषा में ध्वनियों का प्रयोग करते हैं और लिखित भाषा में उन ध्वनियों के प्रतिनिधि चिह्नों का। इन चिह्नों को वर्ण या अक्षर कहते हैं। अक्षरों के सार्थक समूह को शब्द कहते हैं और शब्दों के सार्थक समूह को वाक्य। वाक्यों से ही भाषा बनती है।

भाषा के सही ज्ञान के लिए व्याकरण की आवश्यकता है। अक्षरों से शब्द कैसे बनते हैं, शब्दों से वाक्य कैसे बनते हैं और वाक्यों से भाषा कैसे बनती है, इन सबका विवेचन व्याकरण के अन्तर्गत होता है। भाषा के शुद्ध प्रयोग के नियम व्याकरण में निर्धारित होते हैं। इस प्रकार हम कह सकते हैं कि व्याकरण वह विद्या या शास्त्र है जिसकी सहायता से मनुष्य शुद्ध भाषा बोल, पढ़ और लिख सकता है।

भाषा के तीन अंगों–वर्ण, शब्द और वाक्य के आधार पर व्याकरण के तीन विभाग किये गये हैं जो क्रमश: वर्ण-विचार, शब्द-विचार और वाक्य-विचार कहलाते हैं।

1. वर्ण-विचार : यह व्याकरण का वह विभाग है जिसमें वर्णों के आकार, उच्चारण और उनके मेल से होनेवाले शब्द निर्माण का अध्ययन किया जाता है।

2. शब्द-विचार : इसमें शब्दों की उत्पत्ति, प्रकार, रूपान्तर आदि का अध्ययन किया जाता है।

3. वाक्य-विचार : इसमें शब्दों से वाक्य बनाने के नियम, वाक्यों के प्रकार आदि पर विचार किया जाता है।

वर्ण-विचार

वर्ण उस मूल ध्वनि को कहते हैं, जिसके और टुकड़े न हों। जैसे– अ, इ, उ, क्, च्, स् आदि।

वर्णों के समूह को वर्णमाला कहते हैं। वर्णों के लिखने का क्रम प्रत्येक भाषा में भिन्न होता है जिसे लिपि कहते हैं। हिन्दी भाषा 'नागरी लिपि' में लिखी जाती है।

हिन्दी वर्णमाला में 44 वर्ण हैं। ये दो प्रकार के हैं–स्वर और व्यंजन।

स्वर : जिन वर्णों के उच्चारण में दूसरे वर्णों की सहायता नहीं ली जाती, उन्हें स्वर वर्ण कहते हैं। इनके उच्चारण में भीतर से आती हुई वायु मुख (अथवा मुख एवं नासिका) से निर्बाध रूप से निकलती है। हिन्दी में 11 स्वर वर्ण हैं यथा–अ, आ, इ, ई, ऊ, ऋ, ए, ऐ, ओ, औ।

1. ह्रस्व स्वर : ये मूल स्वर भी कहलाते हैं। इनके उच्चारण में एक ही मात्रा (ह्रस्व वर्ण के उच्चारण में लगनेवाला समय) लगती है। ये चार हैं–अ, इ, उ, ऋ।

2. दीर्घ स्वर : जिन स्वरों के उच्चारण में दो मात्राएँ लगती हैं उन्हें दीर्घ स्वर कहते हैं। आ, ई, ऊ, ए, ऐ, ओ और औ हिन्दी के दीर्घ स्वर हैं।

'ऐ' और 'औ' का उच्चारण

'ऐ' का उच्चारण दो प्रकार से होता है। ज्यादातर शब्दों में 'ऐ' अंग्रेज़ी के 'aim' की ध्वनि के बहुत पास है। जैसे चैन, मैं, पैसा आदि शब्दों में प्रयुक्त 'ऐ' का उच्चारण। संस्कृत शब्दों और हिन्दी के कुछ शब्दों में 'ऐ' का 'अइ' के रूप में उच्चारण होता है। जैसे–भैया, वैभव, ऐश्वर्य, तैल आदि।

'औ' का उच्चारण भी दो प्रकार से होता है। अधिकतर शब्दों में 'औ', 'अव' के समान उच्चरित होता है। जैसे कौन, मौसम, सौदा, चौदह आदि। संस्कृत शब्दों में 'औ' का उच्चारण 'अउ' के रूप में होता है। जैसे–सौन्दर्य, गौरव, भौतिक, मौन आदि।

मात्रा : स्वरों के प्रतिनिधि चिह्न जो व्यंजनों के साथ मिलाकर लिखे जाते हैं, मात्रा कहलाते हैं। जैसे–

स्वर : आ, इ, ई, उ, ऊ, ऋ, ए, ऐ, ओ, औ

मात्रा : ा, ि, ी, ु, ू, ृ, े, ै, ो, ौ

'अ' की कोई मात्रा नहीं होती।

व्यंजन : जिन वर्णों का उच्चारण स्वरों की सहायता से होता है, उन्हें व्यंजन वर्ण कहते हैं। प्रत्येक व्यंजन के उच्चारण में 'अ' की ध्वनि छिपी रहती है। व्यंजन वह ध्वनि है जिसके उच्चारण में भीतर से आती हुई वायु मुँह में कहीं न कहीं, किसी न किसी रूप में अवरुद्ध हो जाती है। हिन्दी में 33 व्यंजन हैं।

यथा– क ख ग घ ङ
च छ ज झ ञ
त थ द ध न
प फ ब भ म
य र ल व श ष स ह ।

इनमें 'क' से 'म' तक 25 वर्ण स्पर्श कहलाते हैं। ये निम्नलिखित पाँच वर्गों में विभाजित हैं–

कवर्ग - क ख ग घ ङ
चवर्ग - च छ ज झ ञ
टवर्ग - ट ठ ड ढ ण
तवर्ग - त थ द ध न
पवर्ग - प फ ब भ म

इन वर्णों के उच्चारण में जिह्वा मुँह के किसी न किसी भाग का स्पर्श करती है अत: ये स्पर्श व्यंजन कहलाते हैं।

य, र, ल, व ये चार व्यंजन अन्तस्थ व्यंजन कहलाते हैं। 'अन्तस्थ' का अर्थ 'बीच में रहने वाला' होता है। उच्चारण की दृष्टि से स्वर और व्यंजन के बीच इनका स्थान है। अत: ये अन्तस्थ कहलाते हैं। इनका उच्चारण करते समय जिह्वा मुँह के किसी भाग का अल्प मात्रा ही स्पर्श करती है।

'श ष स ह' ऊष्म व्यंजन कहलाते हैं। इनके उच्चारण में वायु रगड़ा खाकर निकलती है और ऊष्मा अर्थात् गर्मी पैदा हो जाती है।

इनके अलावा अनुनासिक, अनुस्वार और विसर्ग नाम की तीन और ध्वनियाँ हिन्दी में प्रचलित हैं।

अनुनासिक

इसका उच्चारण नाक और मुँह से होता है और उच्चारण में लघुता रहती है। इसका

चिह्न चन्द्रबिन्दु है। जैसे–'हँस' में 'हँ', 'चाँद' में 'चाँ' आदि।

अनुस्वार

इसकी ध्वनि नाक से निकलती है। इसका चिह्न बिन्दु है जैसे–'पंडित' में 'पं', 'हंस' में 'हं' आदि।

विसर्ग

जब किसी स्वर अथवा व्यंजन के बाद 'ह' की ध्वनि लगे, तब उसे विसर्ग (:) से सूचित किया जाता है।

संस्कृत में इसका काफी व्यवहार है। हिन्दी में अब इसका अभाव होता जा रहा है; किन्तु तत्सम् शब्दों के प्रयोग में इसका आज भी उपयोग होता है। जैसे–प्रातःकाल, दुःख, अतः आदि।

हिन्दी के नये वर्ण 'ड़' और 'ढ़'

'ड' और 'ढ' के नीचे बिन्दु लगाकर दो नये वर्ण ड़ और ढ़ बनाये गये हैं। इनमें 'र' की ध्वनि मिली है। इनका उच्चारण साधारणतया मूर्द्धा से होता है; किन्तु कभी-कभी जीभ का अगला भाग उलटकर मूर्धा में लगाने से भी वे उच्चरित होते हैं। ये शब्दों के आदि में और संयुक्त व्यंजन में कभी नहीं आते।

वर्णों के उच्चारण-स्थान

मुँह के जिस भाग से वर्ण का उच्चारण होता है, उसे वर्ण का उच्चारण-स्थान कहते हैं। उच्चारण-स्थान के आधार पर वर्णों का वर्गीकरण किया गया है। मुँह के जिस स्थान से जो वर्ण उच्चरित होता है, उस वर्ण का नाम उस स्थान के आधार पर रखा गया है। जैसे कण्ठ से उच्चरित होने के कारण अ, आ, क, ख आदि वर्ण 'कंठ्य' कहलाते हैं।

उच्चारण-स्थान के आधार पर वर्णों के निम्नलिखित भेद हैं–

उच्चारण-स्थान	भेद	वर्ण
कंठ	कंठ्य	अ आ क ख ग घ ङ ह विसर्ग
तालु	तालव्य	इ ई च छ ज झ ञ य श
मूर्धा	मूर्धन्य	ऋ ट ठ ड ढ ण र ष
दन्त	दन्त्य	त थ द ध न ल स
ओष्ठ	ओष्ठ्य	उ ऊ प फ ब भ म

कंठ-ताल	कंठ तालव्य	ए ऐ
कंठ और ओष्ठ	कंठोष्ठ्य	ओ औ
दन्त और ओष्ठ	दन्त्योष्ठ्य	व
मुख और नासिका	अनुनासिक	ङ ञ ण न म
नासिका	नासिक्य	अनुस्वार

प्रयत्न के आधार पर वर्णों का वर्गीकरण

वर्णों के उच्चारण में जो आयास किया जाता है उसे प्रयत्न कहते हैं। प्रयत्न दो प्रकार के हैं–1. आभ्यन्तर 2. बाह्य।

वर्णों के उच्चारण से पूर्व होनेवाले प्रयत्न को आभ्यन्तर प्रयत्न कहते हैं और वर्णों के उच्चारण के पश्चात् होनेवाले प्रयत्न को बाह्य प्रयत्न।

आभ्यन्तर प्रयत्न के अनुसार वर्णों के चार भेद हैं–

1. विवृत

2. ईषत् विवृत

3. स्पृष्ट

4. ईषत् स्पृष्ट।

विवृत वे वर्ण हैं, जिनके उच्चारण में जिह्वा पूर्ण रूप से खुली रहती है। इसके अन्तर्गत समस्त स्वर आ जाते हैं।

ईषत् विवृत वे वर्ण हैं जिनके उच्चारण में जिह्वा कुछ-कुछ खुली रहती है। इसके अन्तर्गत अन्तस्थ वर्ण (य, र, ल, व) आते हैं।

स्पृष्ट वर्ण वे हैं जिनके उच्चारण में जिह्वा मुख से विभिन्न स्थानों का स्पर्श करती है। 'क' से लेकर 'म' तक के 25 वर्ण इसके अन्तर्गत आते हैं।

ईषत् स्पृष्ट वे वर्ण हैं, जिनके उच्चारण में जिह्वा मुख के विभिन्न स्थानों का थोड़ा-सा ही स्पर्श करती है। इसके अन्तर्गत ऊष्म वर्ण (श, ष, स, ह)आते हैं।

बाह्य प्रयत्न के आधार पर वर्णों के दो मुख्य भेद हैं–

1. घोष वर्ण

2. अघोष वर्ण

घोष वर्ण–जिन वर्णों के उच्चारण से गले के तन्तुओं में नाद या घोष होता है उन्हें घोष वर्ण कहते हैं। प्रत्येक वर्ग का तीसरा, चौथा और पाँचवाँ अक्षर समस्त स्वर और य र ल व घोष वर्ण हैं।

अघोष वर्ण–जिन वर्णों के उच्चारण से गले के तन्तुओं में कोई नाद अथवा

घोष नहीं होता, उन्हें अघोष वर्ण कहते हैं। प्रत्येक वर्ग का पहला और दूसरा अक्षर तथा श ष स ह अघोष हैं।

घोष वर्ण	अघोष वर्ण
सभी स्वर और	
ग घ ङ	क ख
ज झ त्र	च छ
ड ढ ण	ट व
द ध न	त थ
ब भ म	प फ
य र ल व	श ष स ह

बाह्य प्रयत्न के आधार पर वर्णों के दो भेद और हैं–

1. अल्पप्राण 2. महाप्राण।

अल्पप्राण–जिन वर्णों के उच्चारण में कम श्रम लगे, वे अल्पप्राण कहलाते हैं और जिन वर्णों के उच्चारण में अधिक श्रम लगे, उन्हें महाप्राण कहते हैं।

अल्पप्राण	महाप्राण
सभी स्वर, अनुस्वार	
और क ग ङ	ख ध
च ज ञ	छ झ
ट ड ण	ठ ढ
त द न	थ ध
प ब म	फ भ
य र ल व	श ष स ह

संयुक्त व्यंजन

दो या दो से अधिक व्यंजन आपस में मिलकर प्रयुक्त होते हैं तो संयुक्त व्यंजन बनता है। संयुक्त व्यंजन लिखने की रीति निम्नलिखित है–

1. जिन वर्णों में खड़ी पाई है, उन वर्णों के संयोग के समय वह पाई हट जाती है। जैसे–

प् +प = प्प

त् +म = त्म

2. कुछ व्यंजन आगे-पीछे लिखे जाते हैं। जैसे–

क् + क = क्क च् + छ = च्छ

क् + ख = क्ख ल् + ल = ल्ल

3. कुछ व्यंजन ऊपर-नीचे लिखे जाते है। जैसे–

द् + ध = द्ध द् + व = द्व

ट् + ठ = ट्ठ ड् + ड = ड्ड

4. 'र' के पीछे यदि कोई व्यंजन आता है, तब उसके ऊपर रेफ (ˋ) के रूप में लिखा जाता है। जैसे–चर्म, कर्म, निर्दय।

5. जब कोई व्यंजन आगे 'र' के साथ संयुक्त होता है, तब ऐसा दो रूपों में किया जाता है–

(क) पहले वर्ण के नीचे टेढ़ा डण्डा (्र) लगाकर बनाया जाता है। जैसे–क्रम, प्रतिमा, व्रत, ग्राम आदि।

(ख) जब ट ठ ड ढ 'र' के साथ संयुक्त होते हैं तब 'र' का रूप भिन्न (्र) हो जाता है। जैसे–ट्रेन, ड्राइवर, राष्ट्र।

6. कुछ व्यंजन ऐसे हैं, जिनमें संयुक्त व्यंजन का रूप बिल्कुल बदल जाता है। ये केवल तीन हैं–क्ष, त्र, ज्ञ। कुछ संयुक्ताक्षर दो प्रकार से लिखे जाते हैं। जैसे–क्त, क़्त, श्व, श्व।

7. बिना पाईवाले व्यंजन में जब दूसरा व्यंजन जोड़ा जाता है, तो पहले व्यंजन के नीचे हल के चिह्न (्) लगाकर दूसरा व्यंजन लिखा जाता है। जैसे–बुड्ढा, चिट्ठी, पद्म।

शब्द-विचार

शब्द-विचार व्याकरण का वह विभाग है, जिसमें शब्दों की उत्पत्ति, प्रकार, रूपान्तर आदि का अध्ययन किया जाता है।

शब्द-एक या एक से अधिक अक्षरों के सार्थक योग को शब्द कहते हैं– जैसे–आ, चलो, राम आदि।

हिन्दी के शब्दों का वर्गीकरण मुख्यतः चार आधारों पर किया जाता है-

1. अर्थ के आधार पर
2. व्युत्पत्ति के आधार पर
3. उत्पत्ति के आधार पर
4. वाक्य में प्रयोग के आधार पर।

अर्थ के आधार पर शब्दों के भेद

अर्थ के आधार पर शब्दों के तीन भेद हैं–

1. वाचक 2. लाक्षणिक 3. व्यंजक।

वाचक शब्द वे हैं, जिनका एक मुख्य अर्थ होता है, जो सुगमता से समझ में आता है।

जैसे–राम, गंगा, कहाँ, दौड़ना आदि।

लाक्षणिक शब्द वे हैं, जिनसे रूढ़ि के कारण या किसी प्रयोजन के लिए मुख्यार्थ से सम्बद्ध किसी अन्य अर्थ का बोध होता है।

जैसे–रामू गधा है।

इस वाक्य में 'गधे' की मूर्खता का आरोप 'रामू' पर किया गया है। मूर्खता गधे का लक्षण है। मूर्ख के अर्थ में 'गधा' शब्द का प्रयोग हुआ है। अतः इस वाक्य में 'गधा' शब्द लाक्षणिक शब्द का उदाहरण।

अविकारी शब्द

जिन शब्दों में लिंग, वचन, कारक आदि के अनुसार विकार अथवा परिवर्तन नहीं होता, उन्हें अविकारी शब्द कहते हैं। अविकारी शब्द भी चार प्रकार के होते हैं–

1. क्रियाविशेषण
2. सम्बन्धबोधक
3. समुच्चयबोधक
4. विस्मयादिबोधक।

पर्यायवाची शब्द

समान अर्थ का बोध कराने वाले शब्द पर्यायवाची या प्रतिशब्द कहे जाते हैं। पर्यायवाची शब्दों की अधिकता भाषा की समृद्धि का द्योतक है। पर्यायवाची शब्द यद्यापि अर्थ में प्राय: समान होते हैं, तथापि उनके अर्थों में सूक्ष्म अन्तर होता है। अर्थ में सूक्ष्म अन्तर होने के कारण उनके प्रयोग में अधिक सावधानी अपेक्षित होती है। प्रत्येक स्थिति और सभी स्थानों पर एक ही शब्द का प्रयोग संगत या मौलिक नहीं होता। गिरिधर, मुरलीधर, माखनचोर, रणछोड़ आदि सभी कृष्ण के पर्यायवाची हैं, पर सबके अर्थबोध में अन्तर है। प्रकरण, विषय या स्थान के अनुरूप ही शब्द प्रयोग किया जाना चाहिए। आगे कतिपय महत्त्वपूर्ण पर्यायवाची शब्द रखे जाते हैं–

शब्द **पर्यायवाची शब्द**

अंग - भाग, हिस्सा, अंश।

अनुपम - अपूर्व, अनोखा, अनूठा, अद्वितीय, अतुल।

अग्नि - आग, अनल, कृशानु, दहन, पावक, हुताशन, वैश्वानर।

आँख - अक्षि, चक्षु, नेत्र, लोचन, नयन, दृग।

आकाश - गगन, व्योम, नभ, अम्बर, आसमान, अन्तरिक्ष।

इच्छा - चाह, आकांक्षा, वांछा, कामना, अभिलाषा, मनोरथ, स्पृहा।

ईश्वर - भगवान, परमेश्वर, जगदीश, परमात्मा, नियन्ता।

उल्लास - हर्ष, आह्लाद, आमोद, प्रमोद, आनन्द, प्रसन्नता।

कपड़ा - वस्त्र, पट, वसन, अम्बर, चौर, दुकूल।

कमल - सरोज, जलज, अब्ज, पंकज, पद्म, अरविन्द, शतदल, अम्बुज।

किरण - मरीचि, मयूख, कर, अंशु, रश्मि, अचिं, गो, दीधिति।

कोयल - पिक, कोकिल, वसन्तदृती, वसन्तप्रिय, परभृत।

गणेश - लम्बोदर, एकदन्त, गणपति, गजवदन, गजानन, विनायक, गौरीसुत।

गृह - गेह, घर, निकेतन, सदन, आवास, निलय, भवन, आलय, आगार।

गज - हाथी, हस्ती, कुंजर, नाग, दन्ती, करों, मतंग, कुम्भी।

गाय - गो, धेनु, कपिला, सुरभि, बहुला, रोहिणी।

चाँदनी - ज्योत्स्ना, चन्द्रिका, चन्द्रमरीचि, कौमुदी।

जल - नीर, सलिल, उदक, पानी, अम्बु, तोय, जीवन, वारि, पय

जगत् - जग, संसार, विश्व, भुवन, लोक।

दिन - दिवस, वासर, अन्, दिवा, वार।

दुःख - क्लेश, व्यथा, क्षोभ, अवसाद, खिन्नता, पीड़ा, कष्ट, वेदना, यातना, क्षोभ, विषाद, सन्ताप।

दास - नौकर, अनुचर, सेवक, भृत्य, किंकर, परिचारक, चाकर।

देवता - देव, सुर, अमर, अमर्य, विदुध, वृंदारक, त्रिदश, गीर्वाण, निर्जर।

दूध - पय, क्षीर, अमृत, स्तन्य, दुग्ध।

नर - व्यक्ति, आदमी, मनुष्य, मनुज, मानव, इंसान्, मनुपुत्र।

नारी - स्त्री, महिला, कलत्र, मानवी औरत, भामिनी, वामा, अबला, मामा, महिषी, योषा, रमणी, रामा, कामिनी, कान्ता, तन्वी, पुरन्धी, पत्नी, बाला।

पति - भर्ता, स्वामी, वल्लभ, आर्यपुत्र, कान्त, नाथ, ईश, वर।

पत्नी - स्त्री, भार्या, दारा, गृहिणी, सहधर्मिणी, अर्धांगिनी, प्राणप्रिया, कलत्र, कान्ता।

पक्षी - चिड़िया, खग, विहंग, डिश, पतंग, सारंग, नभचर, पखेरू, अण्डज, विहार, परिन्दा।

पर्वत - पहाड़, भूधर, शैल, अचल, महीधर, गिरि, नग, भूमिधर।

पुत्र - सुत, बेटा, तनय, आत्मज, नन्दन, सुवन।

पुत्री - सुता, बेटी, तनया, आत्मजा, दुहिता, स्वजा, जाया ।

पृथ्वी - भू, इला, भूमि, धरा, उर्वी, धरती, धरित्री, धरणी, वसुधा, वसुन्धरा।

पुष्प - फूल, सुमन, कुसुम, प्रसून, मंजरी।

प्रकाश - कान्ति, ज्योति, चमक, प्रभा, द्युति, आलोक।

पेड़ - तरु, पादप, विटप, वृक्ष, शाखी।

पैर - पग, पाँव, चरण, पद, डग।

बाग - बगीचा, वाटिका, उपवन, उद्यान, फुलवारी, आराम।

बुद्धि - धी, मति, मेधा, प्रज्ञा, मनीषा।

वानर - बन्दर, कपि, कीश, हरि, मर्कट, शाखामृग।

भौंरा - भ्रमर, मधुकर, मधुप, मिलिन्द, अलि, चंचरीक, षट्पद।

मछली - मत्स्य, मीन, झष, शफरी, जलजीवन, शकली, मकर।

मदिरा - शराब, सुरा, मद्य, आसव, वारुणी, हाला, सोमरस, कपिशायिनी।

मयूर - मोर, शिखी, केकी, शिखण्डी।

मधु - शहद, मकरन्द, कुसुमा, माक्षिक, माधवीक, सारंग।

मृग - हरिन, हिरण, सारंग, मुणिक।

माता - माई, मातृ, जननी, जन्मदात्री, अम्बा, मा।

मित्र - सखा, सनेही, दोस्त, सुहद, आत्मीय।

मेघ - घन, जलधर, बादल, नीरद, अम्बुद, पयोद।

राजा - नृप, नरेश, सम्राट, भूपति, भूप, नृपति, नरेन्द्र, महीपति, महीप।

रात्रि - रात, निशा, यामिनी, विभावरी, रजनी।

विपरीतार्थक शब्द

जो शब्द अर्थों की दृष्टि से विपरीत होते हैं, वे विपरीतार्थक या विलोमार्थक शब्द कहे जाते हैं।

शब्द	**विलोम शब्द**
अनाथ	सनाथ
अचल	चल
अवनति	उन्नति
अन्त	आदि
अन्धकार	प्रकाश
अनुकूल	प्रतिकूल
अपेक्षा	उपेक्षा
अपना	पराया
अति	अल्प
अपमान	सम्मान
उपकार	अपकार
अवरोह	आरोह
अग्रज	अनुज
अरुचि	सुरुचि
अरक्षित	सुरक्षित
अनिवार्य	ऐच्छिक
अनुराग	विराग
असंतोष	संतोष
अचर	चर

अन्तरंग	बहिरंग
अस्त	उदय
अल्पायु	दीर्घायु
अनुलोम	प्रतिलोम
अधम	उत्तम
अन्तर्मुखी	बहिर्मुखी
अवनत	उन्नत
अगम	सुगम
अमृत	विष

लिंग

संज्ञा कें जिस रूप से किसी प्राणी अथवा वस्तु की जाति का बोध होता है उसे लिंग कहते हैं।

हिन्दी में दो ही लिंग होते हैं-

1. पुल्लिंग 2. स्त्रीलिंग।

पुल्लिंग

जो शब्द पुरुष जाति का बोध कराते हैं, उन्हें पुल्लिंग कहते हैं।

जैसे–लड़का जाता है।

इस वाक्य में 'लड़का' शब्द पुरुष जाति का बोध कराता है, इसलिए वह पुल्लिंग है।

स्त्रीलिंग

जो शब्द स्त्री जांति का बोध कराते हैं, उन्हें स्त्रीलिंग कहते हैं।

जैसे–लड़की जाती है।

इस वाक्य में 'लड़की' शब्द स्त्री जाति का बोध कराता है, इसलिए वह स्त्रीलिंग है।

लिंग-निर्णय

हिन्दी में प्राणिवाचक संज्ञाओं का लिंग-निर्णय करना सरल है क्योंकि जो शब्द पुरुष या नर का बोध कराते हैं, वे पुल्लिंग हैं और जो स्त्री या मादा का बोध कराते हैं, वे स्त्रीलिंग हैं।

जैसे–लड़का, आदमी, कुत्ता, शेर, हाथी आदि शब्द पुल्लिंग हैं, और लड़की, औरत, कुत्ती, शेरनी, हथिनी आदि शब्द स्त्रीलिंग।

प्राणिवाचक संज्ञाओं में भी कुछ शब्द ऐसे हैं जो हमेशा पुल्लिंग में ही प्रयुक्त होते हैं।

जैसे–कौआ, उल्लू, चीता, भेड़िया, पक्षी आदि शब्द सदा पुल्लिंग होते हैं, और कोयल, तितली, बटेर, मछली, मक्खी, मैना आदि शब्द सदा स्त्रीलिंग होते हैं। इन शब्दों में लिंग भेद करना आवश्यक हो जाने पर 'नर' या 'मादा' शब्द पहले जोड़ा जाता है।

जैसे– 'नर बटेर', 'मादा कौआ' आदि।

अप्राणिवाचक शब्दों के लिंग-निर्णय सम्बन्धी कुछ नियम हिन्दी में हैं किन्तु इनसे कोई विशेष प्रयोजन नहीं है क्योंकि इनमें से कई नियमों के बहुत-से अपवाद भी होते हैं। फिर भी लिंग-निर्णय सम्बन्धी कुछ मुख्य नियम नीचे दिये जाते हैं।

पुल्लिंग संज्ञाओं के नियम

1. संस्कृत के आकारान्त शब्दों को छोड़कर हिन्दी के सभी आकारान्त शब्द पुल्लिंग होते हैं।
   जैसे–कपड़ा, आटा, जूता, छाता, पैसा आदि।
   अपवाद–लघुता-बोधक 'इया' प्रत्ययान्त शब्द स्त्रीलिंग होते हैं।
   जैसे–लुटिया, खटिया, डिबिया आदि।
2. धातुओं, ग्रहों, नक्षत्रों, पेड़ों, पहाड़ों और रत्नों के नाम पुल्लिंग होते हैं।
   जैसे–सोना, सूर्य, चन्द्रमा, बरगद, हिमाचल, हीरा आदि।
   अपवाद–चाँदी, पृथ्वी, इमली, सुपारी आदि।
3. महीनों तथा दिनों के नाम पुल्लिंग होते हैं।
   जैसे–चैत्र, वैशाख, आषाढ़, रविवार, सोमवार आदि।
4. समुद्रों, देशों, जिलों, नगरों तथा गाँवों के नाम पुल्लिंग हैं।
   जैसे–अरब सागर, भारत, कलकत्ता, मद्रास, सेवाग्राम आदि।
   अपवाद–दिल्ली।
5. जिन भाववाचक संज्ञाओं के अन्त में आव, पन, पा, त्व आदि प्रत्यय हों वे पुल्लिंग हैं।
   जैसे–बहाव, बचपन, बुढ़ापा, मनुष्यत्व आदि।
6. कृदन्त की वे संज्ञाएँ, जिनके अन्त में 'आन' आता है, पुल्लिंग होती हैं।
   जैसे–लगान, मिलान, खान-पान आदि।
   अपवाद–उड़ान, पहचान, मुस्कान आदि।
7. क्रियार्थक संज्ञाएँ पुल्लिंग हैं।
   जैसे–चलना, खेलना, दौड़ना आदि।

8. अनाजों के नाम पुल्लिंग होते हैं।
जैसे–गेहूँ, बाजरा, चावल, चर्चा, बाजार आदि।
अपवाद–मूँग, दाल, अरहर आदि।
9. प्रायः सभी द्रव पदार्थ पुल्लिंग होते हैं।
जैसे–पानी, तेल, दूध, दही, घी आदि। अपवाद-छाछ, लम्सी आदि।
10. सभी अकारान्त संज्ञाएँ पुल्लिंग होती हैं।
जैसे–घर, जल, थल, पल, धन, पेड़ आदि।
अपवाद-बात, रात, शाम आदि।
11. उर्दू की वे संज्ञाएँ जिनके अन्त में 'आब' आता है, पुल्लिंग होती हैं।
जैसे–गुलाब,जंवाब, हिसाब, कवाब आदि।
अपवाद–किताब, शराब आदि।
12. संस्कृत के वे सभी शब्द पुल्लिंग हैं जिनके अन्त में त, त्र, आस, आप, आर और न आते हैं।
जैसे–गीत, मित्र, त्रास, ताप, विकार, वचन आदि।
13. उर्दू की वे संज्ञाएँ पुल्लिंग हैं जिनके अन्त में आन, आल, आर आदि आते हैं।
जैसे–मकान, बाजार, सवाल आदि।
अपवाद–दुकान, सरकार, तकरार आदि।

स्त्रीलिंग शब्दों के नियम

1. हिन्दी के प्रायः सभी ईकारान्त शब्द स्त्रीलिंग हैं।
जैसे–मिट्टी, चटाई, चारपाई, डाली, गली, टोपी आदि।
अपवाद–मोती, दही, पानी, जी आदि।
2. भाषाओं के नाम स्त्रीलिंग होते हैं।
जैसे–हिन्दी, अंग्रेज़ी, तमिल, अरबी, फारसी आदि।
3. नदियों के नाम स्त्रीलिंग होते हैं।
जैसे–गंगा, कावेरी आदि।
4. जिन संज्ञाओं के अन्त में 'आई' हो, वे स्त्रीलिंग हैं।
जैसे–पढ़ाई, बुनाई आदि।
5. भाववाचक संज्ञाएँ, जिनके अन्त में ट, वट, आर, हट हों, प्रायः स्त्रीलिंग होती हैं।
जैसे–लिखावट, बनावट, घबराहट आदि।
अपवाद–पेट, घाट, घूँघट आदि।

6. संस्कृत की सभी आकारान्त संज्ञाएँ स्त्रीलिंग होती हैं।
   जैसे–दया, कृपा, वन्दना, प्रार्थना आदि।
7. संस्कृत की प्राय: सभी उकारान्त संज्ञाएँ स्त्रीलिंग होती हैं।
   जैसे–वस्तु, मृत्यु, वायु आदि।
   अपवाद–तरु, मधु, अनु आदि।
8. संम्कृत की ता प्रत्ययान्त संज्ञाएं प्राय: स्त्रीलिंग होती हैं।
   जैसे–सहायता, दयालुता, मूर्खता आदि।
   अपवाद–दाता, कर्ता आदि।
9. संस्कृत की इकारान्त संज्ञाएँ स्त्रोलिंग होती हैं।
   जैसे–मणि, रुचि, राशि आदि।
   अपवाद–गिरि, वारि, मुनि आदि।
10. 'इमा' प्रत्ययान्त संज्ञाएँ प्राय: स्त्रीलिंग होती हैं।
   जैसे–गरिमा, महिमा, पूर्णिमा आदि।
11. उर्दू की प्राय: सभी आकारान्तक संज्ञाएँ स्त्रीलिंग होती हैं।
   जैसे–तलाश, कोशिश, लाश आदि।
   अपवाद–होश, ताश आदि।
12. तिथियों और नक्षत्रों के नाम प्राय: स्त्रीलिंग होते हैं।
   जैसे–प्रथमा, द्वितीया, अश्विनी, कृतिका आदि।
13. भोजनों के नाम प्राय: स्त्रीलिंग होते हैं।
   जैसे–रोटी, दाल, तरकारी, खीर, पूरी आदि।
   अपवाद–भात, हलवा, लड्डू आदि।
14. किराने या मसालों के नाम स्त्रीलिंग होते हैं।
   जैसे–लौंग, इलायची, सुपारी आदि।

पुल्लिंग से स्त्रीलिंग बनाने के नियम

1. प्राणिवाचक अकारान्त तथा आकारान्त पुल्लिंग संज्ञाओं के अन्तिम 'अ' अथवा 'आ' के स्थान पर 'ई' प्रत्यय लगाने से उनका स्त्रीलिंग रूप बनता है।
   जैसे–लड़का-लड़की
   बेटा - बेटी
   बच्चा - बच्ची

घोड़ा - घोड़ी

नाना - नानी

दादा - दादी

2. कुछ आकारान्त संज्ञाओं के अन्तिम 'आ' को 'इया' कर देने से उनका स्त्रीलिंग रूप बनता है।

जैसे–कुत्ता-कुतिया

चूहा - चुहिया

बूढ़ा - बुढ़िया

बेटा - बिटिया

3. व्यवसायबोधक संज्ञाओं के अन्त में 'इन' प्रत्यय लगाने से वे स्त्रीलिंग बन जाती हैं।

जैसे–नाई-नाइन

माली - मालिन

धोबी - धोबिन

कहार - कहारिन

तेली - तेलिन

सुनार - सुनारिन

इनके अतिरिक्त कुछ सम्बन्धवाचक शब्दों तथा मनुष्येतर प्राणिवाचक संज्ञाओं में 'इन' प्रत्यय जोड़ने से उनके स्त्रीलिंग रूप बन जाते हैं।

जैसे– समधी - समधिन

बाघ - बाघिन

नाग - नागिन

4. कुछ अकारान्त संज्ञाओं के अन्त में 'नी' तथा 'आनी' प्रत्यय जोड़ने से स्त्रीलिंग शब्द बनते हैं।

जैसे–

मोर-मोरनी	जेठ-जेठानी
ऊँट-ऊँटनी	सेठ-सेठानी
भील-भीलनी	नौकर-नौकरानी
शेर-शेरनी	देवर-देवरानी

5. संज्ञाओं के अन्त में 'आइन' प्रत्यय जोड़ने से उनके स्त्रीलिंग रूप बनते हैं। जैसे–

बनिया-बनियाइन गुरु-गुरुआइन

पंडित-पंडिताइन चौधरी-चौधराइन

मिश्रा-मिश्राइन चौबे-चौबाइन

6. संस्कृत से हिन्दी में आये पुल्लिंग शब्दों के स्त्रीलिंग रूप बहुधा संस्कृत के नियमों के अनुसार ही होते हैं।

जैसे–

विद्वान-विदुषी विद्यार्थी-विद्यार्थिनी

पुत्र-पुत्री प्रिय-प्रिया

बालक-बालिका पूज्य-पूज्या

7. हिन्दी के अनेक पुल्लिंग शब्दों के स्त्रीलिंग रूप सर्वथा भिन्न होते हैं।

जैसे–

भाई-बहन पुरुष-स्त्री

मर्द-औरत पिता-माता

वर-वधू बाप-माँ

8. कुछ पुल्लिंग शब्दों के पहले स्त्रीवाचक शब्द जोड़ने से स्त्रीलिंग शब्द बनते हैं।

जैसे– मादा कौआ, स्त्री पाठक, महिला सदस्य आदि।

वचन

संज्ञा के जिस रूप से संख्या का बोध हो उसे वचन कहते हैं। हिन्दी में दो वचन हैं–

1. एकवचन 2. बहुवचन।

एकवचन

संज्ञा के जिस रूप से एक पदार्थ या व्यक्ति का बोध हो, उसे एकवचन कहते हैं।

जैसे–लड़का, पुस्तक, रास्ता, नदी आदि।

बहुवचन

संज्ञा के जिस रूप से एक से अधिक पदार्थों या व्यक्तियों का बोध हो, उसे बहुवचन कहते हैं।

जैसे–लड़के, पुस्तकें, रास्ते, नदियाँ आदि।

गुरुजी चले गये।

महात्मा गांधी आये थे।

प्रधानमन्त्री बोलेंगे।

कुछ शब्दों का प्रयोग प्रायः बहुवचन में ही होता है।

जैसे–आँसू, प्राण, लोग, ओठ, दर्शन आदि।

एकवचन से बहुवचन बनाने के नियम

वचन की दृष्टि से संज्ञाओं में परिवर्तन दो स्थितियों में होता है-

एक तो मूल अर्थात् विभक्ति रहित रूप में और दूसरा विकृत अथवा विभक्ति सहित रूप में।

विभक्ति-रहित रूप

1. आकारान्त पुल्लिंग संज्ञाओं के अन्तिम 'आ' को 'ए' कर देने से बहुवचन बनता है। जैसे–

   लड़का-लड़के कुत्ता-कुत्ते

कपड़ा-कपड़े पत्ता-पत्ते

अपवाद–मामा, नाना, चाचा, काका, पिता, देवता, योद्धा, राजा, जामाता आदि। इनका दोनों वचनों में एक ही रूप रहता है।

2. अकारान्त स्त्रीलिंग शब्दों में 'अ' के स्थान पर 'एं' जोड़ने से बहुवचन बनता है। जैसे–

रात-रातें किताब-किताबें

बात-बातें आँख-आँखें

3. आकारान्त स्त्रीलिंग शब्दों में 'आ' को 'एँ' में परिवर्तित करने से बहुवचन बनता है। जैसे–

लता-लताएँ कन्या-कन्याएँ

माता-माताएँ धारा-धाराएँ

4. आकारान्त पुल्लिंग शब्दों को छोड़कर शेष पुल्लिंग शब्द दोनों वचनों में समान रहते हैं। जैसे–

गुरु-गुरु बिन्दु-बिन्दु

मुनि-मुनि बालक-बालक

पशु-पशु घर-घर

5. इकारान्त स्त्रीलिंग शब्दों के अन्त में केवल 'याँ' जोड़ने से बहुवचन बनता है। जैसे–

रीति-रीतियाँ रात्रि-रात्रियाँ

तिथि-तिथियाँ राशि-राशियाँ

मणि-मणियाँ जाति-जातियाँ

6. ईकारान्त स्त्रीलिंग शब्दों में 'ई' को ह्रस्व बनाकर 'याँ' जोड़ने से बहुवचन बनता है। जैसे–

लड़की-लड़कियाँ नदी-नदियाँ

स्त्री-स्त्रियाँ सखी-सखियाँ

7. ईकारान्त स्त्रीलिंग शब्दों को छोड़कर शेष स्त्रीलिंग शब्दों के साथ 'एँ' जोड़ने से बहुवचन बनता है। जैसे–

माला-मालाएँ वस्तु-वस्तुएँ

8. याकारान्त स्त्रीलिंग शब्द के अन्त में चन्द्रबिन्दु जोड़ने से बहुवचन बनता है। जैसे–

चिड़िया-चिड़ियाँ गुड़िया-गुड़ियाँ

9. ऊकारान्त स्त्रीलिंग संज्ञाओं के 'ऊ' को ह्र बनाकर 'एँ' जोड़ने से बहुवचन बनता है।

जैसे–

वधू-वधुएँ

बहू-बहुएँ

10. एकवचन संज्ञाओं के साथ गण, लोग, वृन्द, जन आदि समूहवाचक शब्द जोड़ने से बहुवचन बनता है।

जैसे–

पाठकगण-अध्यापक वृन्द

विद्वान लोग-विद्वज्जन

विभक्ति-सहित रूप

1. अकारान्त, आकारान्त (संस्कृत शब्दों को छोड़कर) तथा एकारान्त संज्ञाओं में अन्तिम स्वर को 'ओं' कर देने से बहुवचन बनता है।

जैसे–

हाथ में - हाथों में

आँख में - आँखों में

कुत्ते ने - कुत्तों ने

2. संस्कृत की आकारान्त तथा संस्कृत-हिन्दी की सभी उकारान्त, ऊकारान्त, अकारान्त, औकारान्त संज्ञाओं के बहुवचन बनाने के लिए अन्त में 'ओं' जोड़ा जाता है।

जैसे–

लता पर-लताओं पर

माता से-माताओं से

पशु को-पशुओं को

3. सभी इकारान्त और ईकारान्त संज्ञाओं का बहुवचन बनाने के लिए अन्त में 'यों' जोड़ा जाता है। ईकारान्त संज्ञाओं में 'ई' को 'इ' करने के बाद ही 'यों' जोड़ा जाता है।

जैसे– मुनि से-मुनियों से

नदी में-नदियों में

विद्यार्थी को-विद्यार्थियों को

रोज़मर्रा जीवन में हिन्दी का प्रयोग

'संवाद' अभिव्यक्ति का प्रमुख स्रोत है। संवाद का अर्थ है 'बातचीत'। दो व्यक्तियों के बीच किसी भी एक निर्दिष्ट विषय की चर्चा, बहस या बातचीत, 'संवाद' कहलाता है। साहित्य की प्रमुख विधा 'नाटक' की सफलता उसके संवादों पर निर्भर करती है। पात्रों के संवादों की कसौटी पर नाटककार की भाषा का आकलन किया जाता है। इस प्रकार भाषा में 'संवाद' का महत्त्वपूर्ण स्थान है।

संवाद-लेखन एक कला है। बातचीत या संवाद एक ही है। बातचीत स्वाभाविक होती है। उसमें अपनी बात को समय, सन्दर्भ और स्वभाव के अनुसार कहा जाता है। उसमें न तो बनावट होती है और न किसी को प्रभावित करने की इच्छा। एक अच्छे और आदर्श संवाद में निम्नलिखित गुण होने चाहिए–

–बातचीत दिल खोलकर बिना किसी दुराव-छिपाव के होनी चाहिए।

बातचीत सोच-समझकर नहीं की जाती। ऐसा करने पर वह बनावटी हो जाती है।

–बातचीत से रिश्तों की महक बनी रहती है। दोस्त के साथ दोस्ती, बड़ों के साथ पूज्य भाव, छोटों के साथ स्नेह व्यक्त होता है।

बातचीत में सम्बोधन बहुत महत्त्वपूर्ण है।

–बातचीत में एक खुलापन होता है, उसमें अनुशासन नहीं होता।

–बातचीत अवसर के अनुकूल होनी चाहिए, सुख में खुशी, दुख में दुखी, क्रोध में उग्र। इन सब के बिना संवाद फीके हो जाते हैं।

इस प्रकार संवाद हर प्रकार के सन्दर्भ में होते हैं और उसमें कम से कम दो व्यक्ति होने चाहिए। अब इसके कुछ उदाहरण देखेंगे।

किताबों की दुकान में दुकानदार के साथ संवाद

दुकानदार : नमस्ते। महाशय ! बैठिए! आपको क्या चाहिए?

मोहन : क्या आपके पास कोई सूची पत्र है?

दुकानदार : हमारा नया सूची पत्र छप रहा है। कहिए, आपको किस विषय की किताबें चाहिए? चुनकर दूँगा।

मोहन : मुझे प्रेमचन्द के उपन्यास निर्मला, गबन, और रंगभूमि चाहिए।

दुकानदार : अच्छा लीजिए। अब और क्या चाहिए।

मोहन : एक अंग्रेज़ी-हिन्दी शब्दकोश दिखाइए।

दुकानदार : देखिए, यह भार्गवास कोश है। इसका दाम रु. 170.00 है। यह मीनाक्षी कोश है। इसका दाम रु. 140.00 है। कौन सा दूँ?

मोहन : क्या आपके पास भार्गवास पाकेट कोश नहीं?

दुकानदार : क्यों नहीं? वह भी हमारे पास है। उसका दाम रु.25.00 ही है।

मोहन : अच्छा मुझे पाकेट कोश ही काफी है।

दुकानदार : अच्छा। इनके बिल लगाऊँ क्या?

मोहन : जरा ठहरिए। मैं भूल गया। आपके पास कोई जेनरल नॉलेज (सामान्य ज्ञान) की किताबें हैं?

दुकानदार : जी यह देखिए। (थोड़ी सी किताबें लेकर मेज़ पर रखता है) इनमें से चुन लीजिए।

मोहन : मैंने दो किताबें चुन ली हैं।

दुकानदार : क्या आपको और कोई किताब चाहिए।

मोहन : कुछ नहीं। इनका बिल लगाइए।

दुकानदार : (बिल लगाकर) लीजिए।

मोहन : कितना हुआ? रु. 122.00। अच्छा यह लीजिए दो सौ रुपये। किताबों का पैकेट बना दीजिए न !

दुकानदार : लीजिए, अभी बनाके देता हूँ। ये रहे बाकी पैसे।

मोहन : धन्यवाद।

बैंक कर्मचारी के साथ संवाद

अनिल : (रिक्शावाला से) अरे भैया, क्या तुम्हें पता है कि पंजाब नेशनल बैंक किधर है?

रिक्शावाला: जी, साहब, 'आज़ाद गली' पर है।

अनिल : तो मुझे उधर जाना है। क्या वह गली काफी दूर है?

रिक्शावाला: नहीं साहब, नज़दीक है, गाड़ी पर बैठ जायें।

अनिल : तो चलें।

रिक्शावाला : हाँ, साहब आ गया। बगल में बैंक का मकान है।

अनिल : कितने हुए?

रिक्शावाला: पच्चीस दे दें साहब।

अनिल : लें।

रिक्शावाला : साहब आपके पास छुट्टे हैं?

अनिल : नहीं भैया।

रिक्शावाला : कोई बात नहीं। बाकी दे दूँगा।

अनिल : तो ठीक है चलूँ।

रिक्शावाला: ठीक है, साहब।

(बैंक के चौकीदार से)

अनिल : भैया, यही है पंजाब नेशनल बैंक?

चौकीदार : जी साहब, पर मुख्य शाखा तो दूसरी मंजिल पर है, इन सीढ़ियों पर चढ़िये।

अनिल : धन्यवाद भैया।

(बैंक में)

अनिल : भाई साहब, देखिये, यह चेक किस काउंटर पर देना है?

कर्मचारी : रकम कितने रुपये का है?

अनिल : पाँच हज़ार का है साहब।

कर्मचारी : तो आप सीधे चलिये और वहाँ किसी एक काउंटर पर दें।

अनिल : जी, धन्यवाद।

(किसी दूसरे ग्राहक से)

अनिल : भाई साहब, आप इस काउंटर की क्यू पर है न?

ग्राहक : जी, आज काफी भीड़ है। सभी काउंटरों में एक ही हाल है। आप यहीं खड़े हो जाइये।

बैंक काउंटर पर

अनिल : साहब, मुझे एक ट्रैवलर चेक भुनाना है।

कर्मचारी : दिखाइये, यह दस्तखत तो आपका है?

अनिल : जी साहब, यह मेरा ही है।

कर्मचारी : अरे भैया, आपने चेक के पीछे हस्ताक्षर नहीं डाला है।

अनिल : माफ कीजिए, साहब, अभी डाल रहा हूँ। भाई साहब और एक बात है। मैंने पिछले हफ्ते ही दो हज़ार रुपये का चेक जमा कराया था। अब खाते में कितने पैसे होंगे।

कर्मचारी : आज आपने पाँच हज़ार लिये हैं तो अब पन्द्रह हज़ार बच गये हैं।

अनिल : धन्यवाद जी, यहाँ ए.टी.एम. की सुविधा है न?

कर्मचारी : जी, क्या आपको ए.टी.एम. की सुविधा है ?

अनिल : जी नहीं, इसके लिए आवेदन कहाँ देना होगा?

कर्मचारी : यह लें प्रपत्र। इसे भरकर वहाँ जो अफ़सर बैठे हैं, उनको दे दें।

अनिल : अभी थोड़ा व्यस्त हूँ। नमस्कार साहब, फिर मिलेंगे।

कर्मचारी : ज़रूर। नमस्कार।

अस्पताल में डॉक्टर के साथ संवाद

बीमार : नमस्ते डॉक्टर साहब ! मुझे कल से बुखार है और गला खराब है।

डॉक्टर : अरे! तुम्हारा बुखार तो बहुत ज्यादा है। तुम्हारी छाती में कफ जमा है, जिससे तुम्हें बुखार है। तुमने कल क्या खाया था?

बीमार : डॉक्टर साहब ! इतनी गर्मी थी कल कि मैंने ठण्डा पानी पीकर आइसक्रीम खा ली थी।

डॉक्टर : इसीलिए तुम्हारी तबीयत खराब हुई। तुम्हें इतना ठण्डा एक साथ नहीं लेना चाहिए था। ऊपर से आज से बारिश भी शुरू हो गयी है। तुम्हें अपना खयाल रखना चाहिए।

बीमार : डॉक्टर ! कुछ तो कीजिए। मुझे बड़ी तकलीफ हो रही है। मेरे मुँह का स्वाद चला गया है और मुझे बड़ी भूख भी लगी है (डॉक्टर उसे दवाइयाँ लिखकर देते हैं और इंजेक्शन लगाते हैं वह ज़ोर से चीखता है। रोने लगता है।)

डॉक्टर : बस, बस ! अब ठीक हो जायेगा। अपना खयाल रखना।

पोस्ट ऑफिस में पोस्टमास्टर के साथ संवाद

मनीष : (रिक्शावाले से) भाई आपको पता है कि पोस्ट ऑफिस किधर है?

रिक्शावाला : जी, साहब, पांडव गली में है।

मनीष : मुझे उधर जाना है, क्या काफ़ी दूर है।

रिक्शावाला : नहीं, साहब, ज़्यादा दूर नहीं है।

मनीष : रिक्शे में बिठाइये और पोस्ट ऑफिस छोड़ दीजिए।

रिक्शावाला : बैठिये साहब! अभी पहुँचाये देता हूँ।

मनीष : धन्यवाद भैया।

(पोस्ट ऑफिस में)

मनीष : (पोस्ट मास्टर से) सर, नमस्ते! मुझे आपके पोस्ट ऑफिस में बचत खाता खुलवाना है।

पोस्ट मास्टर : उधर काउंटर से फार्म ले लीजिए और भरकर दीजिए।

मनीष : सर, फार्म भर दिया है।

पोस्ट मास्टर : ठीक है, फार्म के साथ अपना पेन कार्ड, आधार कार्ड और फोटो लगा दीजिए।

मनीष : सर मेरी तरफ से फार्म कम्पलीट है।

पोस्टरमारटर : लाइये, मोहर लगा देता हूँ।
(पोस्ट मास्टर मोहर लगा कर फार्म अपने पास रख लेता है

और मनीष से तीन दिन बाद अपनी पासबुक ले जाने के लिए कहता है।)

मनीष : सर, पासबुक लेने कितने बजे आना है।

पोस्टर मास्टर : बारह से तीन बजे के बीच में ले जाना।

मनीष : धन्यवाद ! आपने मेरा काम आसान कर दिया।

ट्रेन (रेल) के सफर में संवाद

सोनू : मोनू ! आज से छुट्टी शुरू हो गयी। मैं अपनी दादी के यहाँ मुम्बई जा रहा हूँ। तुम कहाँ जा रहे हो?

मोनू : अरे सोनू ! क्या बताऊँ ! मैं भी छुट्टियों में मस्ती करना चाहता था। पर क्या करूँ? मेरे चाचा बीमार हैं। उन्हें दिल्ली इलाज के लिए ले गये हैं। मैं वहीं जा रहा हूँ।

सोनू : ओहो ! मुझे बड़ा दुख हुआ यह जानकर। मैं भगवान से प्रार्थना करता हूँ कि वे जल्द ही ठीक हो जायें। (तभी मोनू को उसके पापा का फोन आता है और पता चलता है कि अब उसके चाचा खतरे से बाहर हैं)

मोनू : (खुशी से) सोनू, भगवान ने तुम्हारी सुन ली। अब मैं ट्रेन के सफर का मज़ा ले सकता हूँ। अरे यार! मुझे बड़ी भूख लगी है। वड़ा पाव लें।

सोनू : हाँ-हाँ, क्यों नहीं! ट्रेन में सफर करना कितना आनन्ददायी है।

हिन्दी साहित्य का परिचय

'साहित्य' शब्द बहुआयामी अर्थ रखनेवाला शब्द है। कोशों के रचयिताओं ने और अन्य अनेक आचार्यों ने 'साहित्य' शब्द की व्याख्या की है। हिन्दी साहित्य कोश के अनुसार सहित + यत् साहित्य है अर्थात् शब्द और अर्थ का साथ होना साहित्य है। कुछ विद्वानों ने 'सहित' को पृथक् करते हुए (स +हित) 'हितकारी रचना' को साहित्य बताया है। लेकिन ये व्याख्यान पूर्ण रूप से साहित्य के मर्म को प्रकट करने में सक्षम नहीं हैं। साहित्य शब्द के प्रचलन के पहले संस्कृत में साहित्य के लिए काव्य शब्द का प्रयोग मिलता है। जब संस्कृत में 'काव्य' और 'साहित्य' दोनों का एक ही अर्थ में प्रयोग होने लगा तब भामह, राजशेखर, कुन्तक जैसे आचार्यों ने काव्य की परिभाषा करते हुए शब्द और अर्थ के सहयोग को काव्य बताया। आगे चलकर काव्य का अर्थ संकुचित हो गया, केवल कविता तक सीमित रह गया और साहित्य शब्द का प्रयोग, गद्य-पद्य की सारी रचनाओं के लिए होने लगा। आज साहित्य शब्द अंग्रेज़ी 'लिटरेचर' का पर्यायवाची शब्द है जिसका प्रयोग समस्त लिखित एवं मौखिक रचनाओं के लिए होता है।

साहित्य विधाएँ : वर्गीकरण

साहित्य विधाओं के वर्गीकरण की प्रक्रिया पुरानी है। संस्कृत विद्वानों से लेकर आधुनिक विद्वान तक इस प्रक्रिया में सजीव रहे। हिन्दी के विद्वानों ने भी साहित्य-विधाओं के वर्गीकरण का प्रयत्न किया है। हिन्दी के अधिकांश विद्वानों ने भारतीय काव्य शास्त्र की परम्परा का अंगीकार करते हुए और कुछ अंशों में पाश्चात्य प्रभाव अपनाकर साहित्य-विधाओं का वर्गीकरण किया है। वह प्राय: इस रूप में मिलता है–इन्द्रिय माध्यमों के आधार पर दृश्य और श्रव्य, शैली के आधार पर पद्य एवं गद्य, बन्ध के आधार पर प्रबन्ध तथा मुक्तक।

इन्द्रियों के आधार पर जो दृश्य वर्ग है उसमें नाटक और एकांकी महत्त्वपूर्ण हैं। श्रव्य में पद्य और गद्य प्रमुख हैं। बन्ध के आधार पर पद्य के दो प्रकार हैं–प्रबन्ध और मुक्तक। प्रबन्ध काव्य में खण्डकाव्य और महाकाव्य समाहित हैं और मुक्तक काव्य में गीत, प्रगीत आदि। गद्य के अन्तर्गत उपन्यास, कहानी, निबन्ध, रेखाचित्र आदि अनेक विधाएँ आती हैं। समय के आगे बढ़ते-बढ़ते साहित्य-विधाओं के वर्गीकरण में परिवर्तन आये। दृश्य, श्रव्य की अवधारणा बदल गयी क्योंकि आज नाटक के समान कहानी, उपन्यास आदि विधाओं को भी हम देख रहे हैं टेलिविज़न जैसे दृश्य माध्यमों ने पुराने श्रव्य को भी दृश्य बना दिया। इस परिवर्तन के अनुसार विधाओं के वर्गीकरण के विचार बदल गये। लेकिन ये आधुनिक विचार परम्परागत वर्गीकरण से भिन्न नहीं, उनसे मिले-जुले हैं।

आधुनिक वर्गीकरण ने साहित्य-विधाओं को वर्गों में बाँट दिया जैसे नाट्य वर्ग, कविता वर्ग, और गद्य वर्ग। नाट्य वर्ग के अन्तर्गत अभिनय प्रधान विधाएँ आती हैं जैसे नाटक और एकांकी। कविता वर्ग में रूप से प्रबन्ध काव्य और मुक्तक काव्य आते हैं। गद्य वर्ग के दो प्रकार हैं–कथा वर्ग और कथेतर वर्ग। कथा वर्ग कथा-प्रधान है, कथा तत्त्व प्रधान है। अर्थात् कथा वर्ग की विधाएँ एक कथा कहती हैं। उपन्यास का कथा फलक विस्तृत है कहानी का सीमित। गद्य की अन्य अनेक विधाएँ हैं जिन्हें कथेतर गद्य विधाएँ कहा करते हैं क्योंकि इनमें कथा तत्त्व की प्रधानता नहीं है। इस वर्ग में ऐसी साहित्य विधाएँ आती हैं जो कथा मुक्त होती हैं। निबन्ध, आलोचना, रेखाचित्र, संस्मरण, जीवनी, आत्मकथा, डायरी, यात्रा विवरण आदि कथेतर विधाएँ हैं। अतः कहानी और उपन्यास को छोड़ गद्य की अन्य सारी विधाएँ कथेतर गद्य के अन्तर्गत आनेवाली विधाएँ हैं। संक्षेप में आधुनिक दृष्टिकोण के अनुसार साहित्य इस प्रकार वर्गीकृत है–

नाट्य वर्ग - नाटक, एकांकी
कविता वर्ग - प्रबन्ध (महाकाव्य, खण्डकाव्य)
मुक्तक - कथा वर्ग, कथेतर वर्ग गद्य वर्ग
कथा वर्ग - उपन्यास, कहानी
कथेतर वर्ग - आलोचना, रेखाचित्र, जीवनी, यात्रा विवरण, डायरी, निबन्ध, रिपोर्ताज आदि।

कविता

महाकाव्य :

महाकाव्य प्रबन्ध काव्य का प्रौढ़ रूप है, वह अत्यन्त विशाल एवं विस्तृत काव्य है।

'महाकाव्य' महत् और काव्य इन दो शब्दों से उत्पन्न पद है। महाकाव्य की भारतीय और पाश्चात्य आचार्यों ने खूब विवेचना की है।

खण्डकाव्य :

खण्डकाव्य प्रबन्ध काव्य का एक प्रकार है। जिस प्रबन्धकाव्य में जीवन की किसी एक महत्त्वपूर्ण घटना का मार्मिक उद्घाटन होता है उसे खण्डकाव्य कहा करते हैं। 'खण्ड' शब्द का अर्थ यह नहीं कि वह किसी महाकाव्य का खण्ड या अंश है। उसमें सम्पूर्णता है, जीवन की एक सारपूर्ण घटना का, उस घटना के विभिन्न पक्षों का पूर्ण विवरण है। अर्थात् एक मुख्य घटना अपनी विविधता के साथ रची जाती है। लेकिन इस विविधता या व्यापकता की एक सीमा होती है, महाकाव्य की अपेक्षा उसका क्षेत्र सीमित होता है। उसमें जीवन की वह अनेकरूपता और विविधता नहीं रहती जो कि महाकाव्य में होती है। कहानी और एकांकी की तरह एक ही प्रधान घटना के लिए सामग्री जुटाई जाती है।

मुक्तक काव्य :

मुक्तक काव्य ऐसे पद्यों का समूह माना गया है जो पूर्वापर सम्बन्ध से मुक्त होते हैं। उसके छन्द एक दूसरे से निरपेक्ष होते हैं। आज मुक्तक काव्य से निकले गीत और नवगीत ने नयी विधाओं का रूप धारण किया है।

कहानी :

गद्य-साहित्य की सर्वाधिक लोकप्रिय विधा है कहानी। छोटे आकार में भावप्रवणता और संवेदनाओं की चरम सीमा पर पहुँचनेवाली कहानी सबों की प्यारी विधा है। इसलिए अन्य विधाओं की अपेक्षा कहानियाँ अधिक से अधिक लिखी जाती हैं। मानव-जीवन की अनेक संवेदनात्मक घटनाएँ हैं, छोटी-छोटी घटनाओं का एक सिलसिला है जीवन में। असल में कहानी इन्हीं घटनाओं से जन्म लेती है।

उपन्यास :

उपन्यास आधुनिक गद्य साहित्य की सर्वाधिक सशक्त एवं लोकप्रिय कथा-प्रधान विधा है। उपन्यास विस्तृत एवं विशाल है। इसमें जीवन जगत की सम्पूर्ण अवस्थाओं की अभिव्यक्ति है। इसके माध्यम से जीवन का समग्र चित्र हमारे सामने स्पष्ट होता है। जीवन एवं जगत की इतनी सर्वांगीण अभिव्यक्ति नहीं के बराबर है। इसलिए उपन्यास को महाकाव्यात्मक गद्य-विधा कहा करते हैं। उपन्यास के लिए अंग्रेज़ी में 'नॉवल' शब्द का प्रयोग है।

नाटक :

नाटक अभिनय प्रधान साहित्य-विधा है जिसकी गणना दृश्य काव्य में की जाती है। साहित्य की विभिन्न विधाओं में नाटक ही सर्वश्रेष्ठ माना गया है, इसलिए कहा गया है कि 'काव्येषु नाटकं रम्यम' अर्थात साहित्य रूपों में नाटक ही सबसे महत्त्वपूर्ण है। नाटक एक मिश्रित कला है। इसमें गीत, संगीत, नृत्य, स्थापत्य, चित्रकला, साज-सज्जा आदि विभिन्न कलाओं का मिश्रण है। अन्य विधाओं से नाटक की विशेषता उसकी मंचीयता और अभिनेयता है।

एकांकी :

'एकांकी' उस लघु नाट्य रूप को कहते हैं जिसमें केवल एक ही अंक में सम्पूर्ण नाटक समाप्त हो जाता है। 'एकांकी' शब्द का अर्थ भी यह कि एक अंक वाला। इस एक अंक का तात्पर्य यह नहीं है कि किसी नाटक का एक अंक अलग कर दिया जाये तो उसे एकांकी कह देंगे। एकांकी किसी बड़े नाटक का खण्ड न होकर अपने में पूर्ण एक रचना है।

संस्मरण :

संस्मरण जीवनीपरक कथेतर विधा है। संस्मरण में स्मृतियों का वर्णन है। संस्मरण शब्द का अर्थ है सम्यक स्मरण, पूर्ण रूपेण, पूरी तरह स्मरण। अर्थात किसी व्यक्ति, वस्तु एवं घटना का भावात्मक स्मरण और उस स्मरण का रेखांकन संस्मरण है। इसलिए हिन्दी में संस्मरण को स्मृतिचित्र भी कहा करते हैं। जब कोई व्यक्ति किसी परिचित अन्य व्यक्तियों के सम्बन्ध में चर्चा करते हुए उस व्यक्ति से सम्बन्धित अपनी स्मृतियों का विवरण करता है तब संस्मरण जन्म लेता है। लेकिन शर्त यह है कि वर्णन करने वाला जिन स्मृतियों का वर्णन करता है वे स्मृतियाँ उसके द्वारा अनुभूत स्मृतियाँ होनी चाहिए। अत: संस्मरण के मूल में अतीत स्मृतियाँ होती हैं, लेखक के जीवन से सीधे, गहन सम्बन्ध रखनेवाली स्मृतियाँ। अंग्रेज़ी में संस्मरण के लिए 'मेमॉइर' शब्द का प्रयोग किया जाता है।

रेखाचित्र :

रेखाचित्र गद्य की एक नवीन महत्त्वपूर्ण विधा है। इसे निबन्ध का एक भावात्मक रूप माना जाता है। किसी परिचित व्यक्ति की चरित्रगत विशेषताओं का, किसी प्राणी या वस्तु के स्वरूप और प्रकृत का चित्र शब्दों के माध्यम से खींचना रेखाचित्र है। किसी व्यक्ति के प्रति हमारा संवेदनात्मक सम्बन्ध होगा, किसी वस्तु या जीव जन्तु

के प्रति अर्थात् प्राणी के प्रति हमारा भावात्मक लगाव होगा। जिसके पास सृजनशील प्रतिभा है उसकी कलम के जरिए परिचित व्यक्ति, प्राणी या वस्तु की भावप्रवण रेखाएँ खींची जायेंगी, चित्रकार की तूलिका की रंगीन रेखाओं के समान। शब्द चित्रों के माध्यम से खींची गयी इन रेखाओं को रेखाचित्र कहा करते हैं। रेखाचित्र शब्द अंग्रेज़ी के 'स्केच' शब्द का पर्यायवाची शब्द है।

यात्रा-वृत्तान्त :

यात्रावृत्त जिसे यात्रा-वृत्तान्त और यात्रा विवरण भी कहा करते हैं, गद्य का एक नया प्रकार है। किसी देश, प्रदेश या भूभाग की यात्रा का विवरण यात्रा-वृत्तान्त है। 'यात्रा' का अर्थ है एक जगह से दूसरी जगह की ओर जाना। 'वृत्तान्त' का अर्थ है किसी घटना या विषय की जानकारी हेतु किया गया वर्णन। मनुष्य संचारशील है, यात्रा प्रिय है, उसे एक जगह से दूसरी जगह की ओर जाना होता है। यात्रा न करनेवाला कोई नहीं। कुछ घुमक्कड़ लोग ऐसे हैं कि यात्रा उनके जीवन से जुड़ी हुई है। जब हम विदूर यात्रा करते हैं तो उस प्रदेश की भू-प्रकृति और दृश्य-सौन्दर्य से मुग्ध हो जाते हैं, वहाँ के आचार-विचार और संस्कृति से परिचित हो जाते हैं। अपने यात्रानुभवों को दूसरों से प्रकट करना मनुष्य का सहज स्वभाव है। उसी प्रकार यात्री के यात्रानुभवों को सुनना भी मानवीय प्रकृत है। कभी-कभी सहृदय यात्री अपने यात्रानुभावों को लिपिबद्ध करता है या वर्णन करता है तो उसे यात्रा-वृत्तान्त या यात्रा-विवरण कहते हैं।

निबन्ध :

भावात्मक अनुभूति का गद्यमय लिखित रूप ही निबन्ध है। निबन्ध विचार-स्वातन्त्र्य एवं उदार सामाजिकता का प्रतिबिम्ब है। स्वाधीन सामाजिक वातावरण में व्यक्ति निर्भय होकर अपना दृष्टिकोण प्रस्तुत कर पायेगा, यहाँ से निबन्ध की उत्पत्ति भी होती है। निबन्धकार उपदेशक नहीं होता बल्कि सीधे-सीधे अपनी बात कह डालता है। निबन्ध में निबन्धकार की निजी अनुभूतियाँ, विचार और भावनाएँ रहती हैं। हृदय एवं मस्तिष्क दोनों की स्पष्ट उपस्थिति यहाँ रहती है।

जीवनी

जीवनी गद्य की एक प्रमुख कथेतर विधा है। किसी लेखक के द्वारा किसी विशिष्ट व्यक्ति के जीवन-चरित का वर्णन जीवनी है। अंग्रेज़ी में इसे 'बायोग्राफी' (Biography) कहा करते हैं।

जीवनी का केन्द्र किसी विशिष्ट व्यक्ति से है और जीवनी का स्वरूप उस व्यक्ति विशेष से होता है। अर्थात् व्यक्ति विशेष केन्द्र में है और व्यक्ति विशेष के कार्यकलाप उस केन्द्र की सीमा का, घटनाओं का निर्धारण करता है। लेकिन यह 'व्यक्ति' काल्पनिक नहीं, वास्तविक है। इसलिए जीवनी में व्यक्ति विशेष के जीवन की वास्तविकता का अंकन है। लेखक के द्वारा अपने जीवनी-नायक के जीवन के विभिन्न पहलुओं का सत्यांकन किया जाता है।

आत्मकथा :

आत्मकथा हिन्दी साहित्य की नवविकसित विधा के रूप में प्रतिष्ठित है, जिसका शाब्दिक अर्थ है– 'अपनी कथा' अर्थात् इसमें लेखक स्वयं के बीते हुए जीवन की कहानी का विवेचन यथार्थता के साथ करता है।

प्रस्तुत आत्मकथा में लेखक स्वयं के व्यक्तित्व का ही निरीक्षण करता है और अपने बीते हुए जीवन की एक व्यापक पृष्ठभूमि पाठक के समक्ष प्रस्तुत कर देता है। इस प्रक्रिया में कठिनाई यह होती है कि वह आत्मकथा को किस प्रकार प्रस्तुत करे क्योंकि अपने विषय में तटस्थ रहकर कुछ भी कहना बिल्कुल ही सम्भव नहीं होता है। इतना होने के वावजूद आत्मकथाकार विश्लेषणात्मक प्रवृत्ति को अपनाकर अपनी जीवन गाथा को सतर्कता के साथ प्रस्तुत करता है।

आत्मकथाकार का अभीष्ट एक मात्र अपना विश्लेषण करना या अतीत की स्मृतियों को पुनर्जीवित करना ही होता है। इससे पूर्णतः स्पष्ट हो जाता है कि आत्मकथा एक व्यक्ति के समस्त जीवन का इतिहास ही नहीं बल्कि उसमें वर्णित घटनाओं की क्रिया एवं प्रक्रियाओं का भी अंकन है। आत्मकथा लेखक समाज का प्रतिष्ठित प्राणी होता है। प्रतिष्ठित व्यक्ति की कुछ विशेष विशेषताएँ होती हैं जिसे भावी समाज जानने हेतु आतुर हो जाता है। यही कारण है कि वह प्रतिष्ठा प्राप्त व्यक्ति अपने समर्थकों के अनुरोध से प्रेरणा प्राप्त कर उनकी आतुरता को शान्त करने के लिए आत्मकथा लेखन आरम्भ करता है।

डायरी :

दैनिक जीवन के कार्यकलापों एवं घटनाओं का अंकन डायरी कहलाते हैं। मानव का रोज़ाना-जीवन छोटी-बड़ी महत्त्वपूर्ण एवं महत्त्वहीन घटनाओं का एक सिलसिला है। अनेक व्यक्तियों से, समस्याओं से, भले-बुरे प्रसंगों से जीवन गुज़र जाता है। इस दैनिक लेखन का समय के बीत जाने पर आकार बढ़ जाता है और वह लेखक के जीवन सम्बन्धी घटनाओं, विचारों एवं मंतव्यों का संग्रह हो जाता है, लेखक के